AF404933

UN MOT

SUR LES DEUX PROCÈS-VERBAUX

DRESSÉS APRÈS LA MORT DE S. A. R.

MGR LE DUC DE BERRI,

ET CONSÉQUENCES A EN TIRER

PAR RAPPORT AU GOUVERNEMENT ET A LA SOCIÉTÉ.

Par M. J. B. A. G. FORESTIER,

Ancien Chirurgien de l'Hôtel-Dieu, membre des ci-devant colléges et académie royale de Chirurgie, ancien professeur particulier d'accouchemens et membre éligible du collége électoral du département.

Nimia mala cognoscere hoc non est,
quibus tamen mederi fas est.

PARIS,

IMPRIMERIE DE CHAIGNIEAU, JEUNE,

RUE SAINT-ANDRÉ-DES-ARCS, N° 42.

1821.

Des circonstances particulières ont retardé depuis plus de quatre mois l'impression de cet Opuscule. Je n'ai pas balancé à le mettre au jour malgré la publicité de l'ordonnance du Roi concernant une nouvelle organisation de l'art de guérir, osant espérer que les principes qu'il renferme n'ayant pour but que le rétablissement de la chirurgie, ses progrès pour l'intérêt de la société et de l'humanité, pourront être accueillis du Gouvernement, toujours empressé de connaître la vérité lorsqu'il s'agit du bonheur et de la vie des Français.

UN MOT

SUR LES DEUX PROCÈS-VERBAUX

DRESSÉS APRÈS LA MORT DE S. A. R.

Mgr LE DUC DE BERRI.

Un de nos grands maîtres, recommandable par son âge, ses connaissances, et justement célèbre dans la hiérarchie chirurgicale, vient de publier un ouvrage où il prouve *anatomiquement et géométriquement qu'il est impossible que le poignard de l'infâme ait atteint le cœur de S. A. R.; que si l'oreillette droite eût été percée de part en part, le prince n'eût pas survécu sept heures, mais même sept minutes; que sa plaie n'était pas mortelle de son essence, et que les faits présentés par MM. les docteurs, au nombre de dix-neuf, n'ont point existé, et sont impossibles.* « Le « malheur, dit-il, semble planer encore sur nos « têtes; nous avons de grandes pertes à redou- « ter : l'amour de l'art, l'amour de ma patrie, « mon attachement à des princes auxquels j'ai « sacrifié mon repos, la totalité d'une fortune « honnête, m'ont déterminé à examiner.... si « en pratiquant l'opération de l'empyème au « lieu d'élection, il n'eût pas été possible, « sinon de sauver la vie au prince objet de « l'amour, du respect et des espérances des « Français, au moins de le garantir d'une mort

« aussi prompte. » Je ne pourrais rien ajouter à l'exposé précis, clair et sans réplique de mon respectable confrère ; cependant, comme parmi les nombreux moyens que la chirurgie indique dans ces circonstances, M. Valentin n'a rapporté que l'opération de l'empyème « pour extraire le sang épanché dans la poitrine, « qui, devenu corps étranger, s'opposait à la « dilatation des poumons », je vais, en me renfermant dans le traitement chirurgical, indiquer ceux que devaient préalablement mettre en usage MM. les docteurs qui ont été appelés successivement à donner des secours à S. A. R.

Il m'est pénible de retracer un événement effroyable, de réveiller de tristes souvenirs, de faire naître des regrets impuissans, lorsque je ne puis rendre aux vœux de sa famille, de la France encore éplorée, le prince auguste que nous avons perdu. Cependant ma qualité de Français, de chirurgien, m'impose l'obligation de rechercher et de mettre au jour la conduite qu'ont tenue dans cette circonstance malheureuse les médecins qui se sont présentés ou qui ont été appelés pour secourir S. A. R., de publier les doutes que m'ont fait naître certains points de leurs rapports, et par suite d'exposer mon sentiment sur les procédés curatifs des médecins qui ont dirigé le traitement administré au prince.

Le 13 février 1820, à onze heures du

soir, Monseigneur le Duc de Berri fut atteint d'un fer assassin. MM. Drogart et Blancheton, arrivés les premiers, vers onze heures et demie, déclarent *avoir trouvé une blessure à la partie supérieure et droite de la poitrine.* Ils commencèrent, vu les accidens, par faire *un léger débridement et une saignée.* Je ne chercherai pas à approfondir pourquoi cette saignée *fournit à peine quelques onces de sang;* je regrette seulement que ces messieurs n'aient qu'effleuré les indications urgentes à remplir.

MM. Lacroix, Therrin, Bougon et Fournier, arrivés quelque temps après, *continuèrent le même traitement, renouvelèrent la saignée, qui fut plus copieuse que la première, et par suite de laquelle l'état du prince s'améliora.* J'admire le premier élan du dévouement de M. Bougon, je rends hommage à sa preuve d'attachement pour le prince..... Pourquoi ce moyen était-il insuffisant ?

M. le docteur Dupuytren est arrivé à une heure. Ici finissent les fonctions des premiers docteurs : ils ne seront plus que passifs, auxiliaires, et n'auront plus que voix consultative ; M. Dupuytren va seul diriger le traitement et les secours chirurgicaux que l'art indique. Il trouve *existante l'oppression déjà indiquée, des douleurs vives à l'épigastre, de la dépression dans le pouls, un grand soulèvement de la peau voisine de la plaie, un état extrême d'anxiété,* et sur-

TOUT UN DÉFAUT ABSOLU DE RÉSONNANCE DU CÔTÉ DROIT DE LA POITRINE EN ARRIÈRE ET INFÉRIEUREMENT. » Ne semble-t-il pas que tous les accidens se sont cumulés au moment de l'arrivée de M. Dupuytren? car, au rapport de MM. les docteurs venus avant lui, *l'état du prince s'améliora par suite d'une seconde saignée qui fut plus copieuse que la première;* les accidens seuls avaient indiqué à ces messieurs un commencement d'épanchement dans la poitrine, M. Dupuytren a cherché à le reconnaître par un examen insignifiant, vraiment illusoire, sur-tout dans un sujet aussi puissant qu'était le prince; en un mot plus capable de séduire les assistans que d'accréditer cette nouvelle et futile découverte : LA RÉSONNANCE OU NON RÉSONNANCE DE LA POITRINE.

M. Dupuytren annonce à MONSIEUR *qu'il n'est plus qu'un seul moyen (moyen dont il ne peut garantir le snccès)* (1) *; c'est qu'un débridement fût fait à la plaie, seulement pour faire cesser l'état de tension où était la peau, et pour donner issue, autant qu'il était possible, au sang épanché : ce débridement donna lieu de reconnaître que la plaie pénétrait dans la poitrine par le troisième ou quatrième espace intercostal.* Cette assertion de M. Dupuytren sera confirmée par le procès-verbal d'autopsie du corps de S. A. R., tous les docteurs présens le signeront, et cepen-

(1) Hapdé, p. 18.

dant, à l'ouverture du corps, on reconnaîtra que l'instrument n'a pénétré que *dans l'intervalle de la cinquième à la sixième côte.* Si ces deux plaies eussent été parallèles, M. Dupuytren eût vu le sang sortir librement lorsqu'il a fait son débridement, il n'eût pas trouvé *une sufiltration sanguine ni une tension de plusieurs pouces d'étendue et circonférence.*

A deux heures après minuit arrivent MM. les docteurs Dubois, Roux et Baron : *ils trouvèrent le prince dans l'état ci-dessus indiqué, et, de concert avec les docteurs précédens, furent d'avis d'attendre l'effet des traitemens mis en usage, et il fut sursis à l'emploi de tous autres moyens* (1). Ainsi le résultat de la consultation est que *l'état du prince n'est plus susceptible d'amélioration* (2); son arrêt de mort est prononcé; et, à dater de cette heure fatale (deux heures) jusqu'à celle où S. A. R. nous sera enlevée, ces docteurs n'administreront que des remèdes insignifians et de pure forme ; ils verront de sang-froid, pendant cet intervalle de QUATRE HEURES, se manifester tous les accidens d'un épanchement consécutif

(1) Quel traitement, quels remèdes avait-on employés pour combattre les accidens d'une blessure soupçonnée aussi grave ? Deux saignées qui ont donné à-peu-près cinq ou six onces de sang (une palette et demie) ; deux débridemens, l'application des ventouses, d'autant moins indiquées qu'elles ont agi en sens contraire de saignées faites au bras.

(2) Hapdé, page 22.

sans chercher à le prévenir, à en arrêter les progrès! Ces paroles de MONSIEUR, d'un père dans l'excès de la douleur, adressées à M. Dupuytren : JE ME FIE A VOTRE ZÈLE ET A VOS TALENS... C'EST UN FILS QUI M'EST BIEN CHER : JE L'ABANDONNE A VOS SOINS (1); les larmes, les gémissemens de cette famille infortunée; celles que va coûter à la France cette perte irréparable, rien ne put faire changer la décision prise, tenter de nouveaux moyens, ceux que la chirurgie indiquait si puissamment, fussent-ils incertains........ Mais je m'arrête en frémissant et en appelant au secours de ce prince malheureux les BOUDOU, les MOREAU, les SABATIER, les DESSAUT. Que dis-je! ces hommes immortels vivent encore dans leurs confrères les DESCHAMP, les PELLETAN, les VALENTIN, les CARON : Ils sont encore existans ces praticiens mûris par une expérience consommée dans les hôpitaux : hommes modestes, qu'une longue et honorable carrière rend chers à nos cœurs, vous n'avez pas été appelés dans ces momens précieux ! Si la basse flatterie, l'aveugle faveur, vous ont porté des coups funestes et non mérités, vous n'avez rien perdu de votre gloire et de vos titres à la reconnaissance publique.

Maintenant je devrais citer textuellement le premier procès-verbal marqué au sceau des

____
(1) Hapdé, page 18.

contradictions et des invraisemblances les plus frappantes, et le second, preuve authentique et matérielle de la méprise et d'un examen bien peu réfléchi de MM. les docteurs présens à l'ouverture. Je me bornerai à dire que plusieurs d'entre eux ont signé trop inconsidérément avoir *reconnu que la plaie pénètre à une grande profondeur dans la cavité de la poitrine en traversant le troisième ou quatrième espace intercostal.* Je demanderai à ces Messieurs, comment à la simple inspection du corps ils ont pu découvrir le trajet qu'avait parcouru le fer meurtrier, et s'il était entré *à une grande profondeur :* ils pouvaient tout au plus en établir la présomption fondée sur *ce qu'un poignard ayant une lame plate et longue de six pouces leur a été représenté comme ayant servi à commettre le meurtre ;* et ne pas ajouter en *traversant le troisième ou quatrième espace intercostal,* assertion que le procès-verbal d'ouverture du corps a démentie. Cette pièce est assez connue pour que je me dispense de la rapporter ici ; je n'établirai pas de nouvelles preuves basées sur l'anatomie et la géométrie ; celles que la chirurgie va me fournir acheveront de démontrer si l'on doit ajouter foi à ce même procès-verbal.

1° Aucuns des médecins qui sont restés auprès du prince n'ont rapporté qu'à l'oppression, à l'anxiété, etc., se fussent joints la toux fréquente, le crachement d'un sang vermeil et écumeux etc., signes caractéristiques de la blessure du poumon, et bien connus du docteur Blancheton, puisque, pressé par madame la duchesse de lui dire si la blessure de son auguste époux était mortelle, il répondit : *que l'absence du sang qui, dans les plaies graves de la poitrine, sort ordinairement par la bouche, pouvait être d'un augure favorable* (1).

2° A l'oreillette droite *une ouverture en deux points opposés*. Je n'entrerai dans aucun détail anatomique pour affirmer une vérité reconnue par tous les chirurgiens et qu'une longue expérience n'a que trop prouvée ; c'est que la mort suit toujours de très-près cette ouverture.

3° La plaie que l'on annonce *étroite* à la vérité, occupant le centre aponévrotique du diaphragme, n'a occasionné aucun des accidens qui en sont la suite ; je veux dire les hoquets, les vomissemens fréquens, le délire, les convulsions. etc.

Si l'on fait un rapprochement des accidens qui se sont manifestés depuis l'instant où le prince fut blessé jusqu'à celui de sa mort, avec la non apparition de ceux dont je viens de parler, on établira les doutes les plus fondés sur l'exactitude du second procès-verbal, et l'on re-reconnaitra la nécessité de se disculper où étaient les mêmes docteurs, qui avaient reconnu itérativement que le fer meurtrier, *après être*

(1) Hapdé, page 12.

entré dans la poitrine entre le troisième ou quatrième espace intercostal, y avait pénétré à une grande profondeur.

Suivons la pratique de ces mêmes docteurs pour prolonger les jours, ou même sauver le prince ; voyons s'ils ont mis en usage des moyens chirurgicaux dirigés par une théorie éclairée. D'abord ils n'ont pu méconnaître qu'aucun gros vaisseau n'avait été ouvert, autrement le prince eût péri sur-le-champ. Cette vérité incontestable a dû être confirmée par M. Dupuytren arrivé deux heures après l'accident, et sur-tout par messieurs Dubois, Roux et Baron, venus une heure plus tard. Si ces réflexions, qui devaient se présenter naturellement, je ne dirai pas à des grands maîtres, à des hommes de mérite, mais au chirurgien le plus ordinaire, eussent servi de base à leur consultation, son résultat n'eût pas été l'arrêt fatal de l'infortunée victime. Les connaissances anatomiques et chirurgicales de ces messieurs devaient les conduire à soupçonner, à *affirmer* que l'épanchement se faisait lentement et par suite d'ouverture de petits vaisseaux, de ramifications ; ne pouvaient-ils pas aussi présumer que le fer, dans son trajet, avait rencontré quelques filets de nerfs et attribuer à leur lésion partie des accidens graves existans ; comment enfin n'ont-ils pas réfléchi à temps que le prince avait éprouvé du mieux ; *que son état s'était amélioré* en raison du sang qu'il avait perdu, soit par les saignées, les ventouses ou les débridemens ; toutes ces notions réunies, combinées, appréciées, eussent amené messieurs les consultans à une décision moins hasardée, plus prudente, plus conforme aux règles de l'art, et à un traitement plus méthodique : la nature leur avait tracé la route : primitivement MM. Drogart et Blancheton l'avaient suivie, et après eux MM. Therrin, Bougon, Lacroix et Fournier ; on ne peut reprocher à ces six docteurs que d'avoir montré trop de timidité ; ils ont perdu des momens bien précieux en ne s'occupant que de la plaie extérieure lorsqu'elle devait être pour ainsi dire OUBLIÉE pour ne songer qu'aux accidens existans, les combattre promptement afin d'en prévenir de plus grands. Ces mêmes fautes sont encore bien plus réelles de la part de messieurs Dupuytren et Dubois : à leur arrivée l'état du prince n'était pas désespéré, mais l'eût-il été, ils devaient lui administrer de suite les secours de l'art, fondés sur ce raisonnement : Des vaisseaux ouverts laissent échapper du sang ; il s'agit d'arrêter cette effusion dans un endroit où on ne peut pratiquer ni compression ni ligature. La chirurgie indique un troisième moyen, le DÉBILITANT. Il consiste entre autres à ralentir la circulation et à affaiblir le malade, sur-tout lorsqu'il est d'une constitution forte comme était celle du prince. L'art prescrivait donc impérieusement de le tenir au plutôt dans un air libre et un peu froid, de lui interdire tout mouvement et sur-tout LA PAROLE, de lui éviter ces affections de l'âme, ces efforts qu'il faisait pour les exprimer, et particulièrement les impressions vives que faisait sur lui la présence des personnes affectionnées qui l'entouraient. Nous eussions peut-être perdu ces momens si sublimes d'un prince justement regretté; mais par ce régime essentiellement indiqué nous eussions pu au moins prolonger son existence. En même-temps et à l'appui de ces moyens, il falait placer des ligatures serrées aux extrémités, pratiquer des saignées plus ou moins copieuses, plus ou moins rapprochées, selon la gravité des accidens. Pour diriger plus sûrement cette marche, un homme habile ne devait pas quitter le pouls de S. A. R. afin de prescrire à temps la récidive des saignées et la quantité de sang à tirer pour entretenir le blessé, ce que nous appelons SEMI VIVUS, ou entre la vie et la mort. Ces messieurs ne peuvent ignorer l'action astringente des corps froids et leur indication dans toutes les hémoragies; qu'ils réussissent dans les GRANDES PERTES UTÉRINES à la suite de l'accouchement; aux boissons froides et acidulées données à petite dose, et aux autres médicamens internes indiqués, il était urgent de joindre l'application froide des topiques convenables. Les compresses et les médicamens qu'une femme fut occupée toute la nuit à faire chauffer étaient donc absolument contraires et contre indiqués (1).

Ce traitement simple en apparence , mais basé sur les préceptes de la véritable chirurgie, dirigé par une main savante et continué aussi long-temps que les simptômes alarmans l'eussent exigé , eût bientôt opéré la formation d'un caillot; cette espèce de bouchon naturel, acquérant peu-à-peu de la consistance, se fût opposé graduellement au mouvement progressif du sang et eût arrêté sa sortie. Par ces moyens combinés avec les narcotiques externes les plus puissans appliqués sur la région épigastrique , on eût remédié ou plutôt prévenu *l'oppression , les douleurs vives à l'épigastre et l'extrême anxiété;* ces accidens n'étaient que des douleurs nerveuses , spasmodiques , occasionnées par l'irritation et l'état inflammatoire qui se manifestent toujours plus où moins promptement après les blessures même légères , en raison de la constitution du sujet. En vain m'objecterait-on , qu'aussitôt après la blessure, le sang s'est porté dans la partie la plus déclive de la poitrine et y a formé épanchement ; je répondrai que c'était un motif encore plus pressant pour en arrêter les progrès par les moyens que je viens d'indiquer ; attendu que la quan-

(1) Hapdé, page 34.

tité de sang épanché, même trois heures après l'accident, n'était pas encore assez considérable pour faire désespérer de la vie du prince dont la blessure n'était pas essentiellement mortelle. Les meilleurs praticiens ont reconnu, et nombre d'exemples l'ont constaté, que la présence d'une quantité de sang même assez considérable dans la poitrine n'est pas toujours dangereuse. Si, après une hémoragie de sept heures, messieurs les médecins n'ont trouvé dans la poitrine qu'une quantité de sang qu'ils ont évaluée à *deux livres à-peu-près*, quatre heures avant la mort du prince ils pouvaient donc encore lui administrer des secours utiles. Il m'en coûte beaucoup; mais je ne puis passer sous silence la funeste indifférence de ces messieurs, lorsqu'à dater de cinq heures jusqu'à six ils ont vu tranquillement et de sang-froid *l'anxiété portée à son plus haut degré, la respiration devenue courte et douloureuse, le pouls s'affaiblir rapidement et disparaitre bientôt complètement, les facultés intellectuelles restées intactes jusque là, s'anéantir, la respiration se ralentir et cesser,* signes non équivoques d'un épanchement et d'une mort prochaine, sans mettre en pratique cet axiôme si sublime de la chirurgie! Il vaut mieux tenter un remède incertain que d'abandonner le malade a une mort certaine. Ne devaient-ils pas, pour dernière ressource, faire cette opération si indiquée, si fa-

cile : L'OPÉRATION DE L'EMPYÈME au lieu d'élection, dans la partie la plus déclive de la poitrine, pour donner issue, D'ABORD A UNE PARTIE
du sang épanché : ils eussent à l'instant facilité
l'entrée de l'air dans les poumons, calmé la
gravité des accidens, et n'eussent-ils prolongé
que de quelques heures l'existence de l'illustre
victime, ils eussent en partie, réparé la faute
grave d'avoir perdu six heures de temps précieux, et se fussent lavés de la tache indélébile
de n'avoir administré aucuns des secours chirurgicaux si essentiellement prescrits pour sauver les jours de S. A. R. objet de nos pleurs et
de nos regrets.

Je m'abstiendrai de réflexions trop sévères ;
je dirai seulement que les médecins qui prati-
quent aujourd'hui méconnaissent ou dédaignent
les principes fondamentaux de la chirurgie,
les qualifient de détails minutieux. La renommée
souvent aveugle, après leur avoir adjugé une
haute réputation, les proclame grands praticiens,
habiles opérateurs. Les hommes instruits ajou-
tent non chirurgiens ; parce que la pratique de
grandes opérations souvent téméraires et presque toujours infructueuse, pour laquelle il ne
s'agit que d'avoir de la hardiesse et de l'habitude, ne constitue pas l'homme véritablement
habile en chirurgie.

Funestes innovations du siècle, combien vous
coûtez de larmes à toutes les classes de la socié-

té, combien vous faites de victimes! Deviez-vous y comprendre un prince auguste, le soutien du trône, un Bourbon?

Ce fléau destructeur, dont les ravages remontent à l'époque fatale de la révolution, continuant à les étendre depuis l'heureuse restauration qui rendit la France à son prince légitime, des plaintes sans nombre sont parvenues jusqu'au Roi. Ce monarque bienfaisant daigna s'occuper d'un objet aussi important que cher à son cœur. Le 9 novembre 1815, il rendit une ordonnance par laquelle il nomma une commission chargée *de lui rendre compte de l'état actuel de* l'ENSEIGNEMENT *dans les écoles de médecine et de chirurgie, et de lui proposer les modifications dont pourraient être susceptibles ces établissemens.*

Le travail de cette commission a été imprimé et rendu public : je rappellerai seulement qu'elle a été partagée d'opinion, et que sur quatorze membres dont elle était composée, huit se sont réunis pour demander la séparation de la médecine d'avec la chirurgie. Je passe de suite à l'adresse relative à cet objet que feu M. Marquais, son auteur, et deux membres de l'ancien collége de chirurgie, ont eut l'honneur de présenter au Roi et aux deux chambres : cet exposé concis et fidèle des diverses opinions émises, des différens projets présentés, prouve clairement la passion, la morgue de chacun de leurs auteurs.

Il en est d'autres qui, entraînés comme malgré eux, forcés de dire, d'avouer la vérité, pour ne pas mentir à leur propre conscience, ont découvert tout l'absurde, pour ne pas dire plus, du système existant. Ainsi MM. Prunelle, Dupuytren et Fournier, quoique partisans de l'école actuelle, n'ont pu s'empêcher de rendre hommage aux anciennes institutions de médecine et surtout de chirurgie. En parlant de cette dernière, M. Dupuytren s'exprime ainsi : « Le collége de chirurgie de Paris avait des « écoles où étaient enseignées par autant de « professeurs chacunes des parties de cette « science... le système d'enseignement, dans « ces écoles, conduisait à former des hommes « capables d'exercer la chirurgie (1).

« Si nous jetons un coup-d'œil, dit M. Four- « nier, sur les anciennes écoles de chirurgie, « nous aurons sans doute à remarquer celles de « Paris, de Lyon, de Nancy, dont il sortait des « hommes habiles; mais pourrait-on mécon- « naître que dans ces écoles (celle de Paris excep- « tée) l'enseignement théorique ne fût presque « nul; et même à Paris cet enseignement était-il « ce qu'il devait être? était-il médical? Non » (2). Nous ne ferons d'autre réponse aux reproches adressés aux colléges de chirurgie de manquer d'instruction clinique et sur-tout médicale, que celle de M. Marquais; elle est péremptoire,

(1) Adresse au Roi, pag. 15.   (2) Pag. 16.

sans réplique, et puisée dans les écrits de nos
adversaires. Le premier de ces reproches est
entièrement controuvé, puisque chaque can-
didat qui aspirait à la maîtrise devait produire
des certificats constatant qu'il avait exercé, pendant trois ans au moins, la chirurgie chez un
maître ou dans les hôpitaux. Le second est absolument faux : « Au collége royal de chirur-
« gie, dit M. Léveillé, on professait des par-
« ties sur lesquelles les praticiens de l'un et de
« l'autre ordre doivent être également instruits.
« Il y avait trois chaires particulières pour l'hy-
« giène, la thérapeutique et la pathologie chi-
« rurgicale (1).

« C'est de l'époque de l'érection du col-
« lége et de l'académie royale de chirurgie que
« date réellement la gloire de la chirurgie
« française. La réunion des deux branches de
« l'art devint en quelque sorte, sans que l'on
« s'en doutât, la base de l'enseignement de ce
« collége. Les leçons des professeurs de ce
« corps présentèrent un ensemble de moyens
« inconnus auparavant dans les établissemens
« de la capitale; ces leçons attirèrent un concours
« prodigieux d'élèves, et ceux même qui ne se
« destinaient qu'à la pratique de la médecine
« interne suivaient le collége de chirurgie
« de préférence à la faculté (2).

(1) *Idem*. pag. 17.
(2) Mémoire de la faculté de médecine de Montpellier.

Quel plus bel éloge nos antagonistes peuvent-
ils faire de l'ancien collége de chirurgie, sous
le rapport de son enseignement ! Que pourraient
y ajouter ses plus zélés partisans ? Cette déclaration authentique ; cette profession de foi, cet
aveu solennel, ne suffisent-ils pas déjà pour con-
vaincre de la nécessité de rétablir une corporation aussi belle, aussi utile à l'humanité ? mais
poursuivons ; et pour rendre la conviction plus
intime, répétons les propres expressions de
nos détracteurs à l'égard de l'Académie de Chirurgie en particulier.

« Les membres de cette académie fameuse,
« qui illustra notre patrie, ne se sont pas con-
« tentés de créer de nouveaux points de doc-
« trine, d'établir sur l'expérience et l'observa-
« tion ceux qui étaient contestés, fort obscures
« ou incertains ; ils ont précisé la nature et le
« siége de plusieurs affections peu connues,
« et assuré leurs travaux en faisant un heureux
« emploi des ressources qu'offre la science mé-
« dicale. C'est dans les Mémoires de l'Académie
« de Chirurgie que l'on apprend à connaître
« les règles de conduite à tenir envers les ma-
« lades qu'on ne peut soustraire à une opéra-
« tion grave, à prévenir les accidens lorsqu'elle
« est pratiquée... Comment ces législateurs au-
« raient-ils pu nous instruire s'ils n'avaient pas
« possédé toute la science de la Médecine (1) ? »
Maintenant, exposons avec impartialité et

(1) *Idem.* pag. 18.

franchise ce qu'est la faculté actuelle de médecine et de chirurgie réunies. Tous les prétendus avantages que l'organisation actuelle a pro-
curés à l'art de guérir disparaîtront devant la
vérité, à la honte de ceux qui les ont publiés
pour en imposer au public en général, et au
gouvernement en particulier. Certains professeurs de ces écoles, et sur-tout leurs écrivains
stipendiés, se sont trahis : eux-mêmes ont dé-
chiré le voile et découvert à nos regards ces
institutions et leurs vices : Voici le portrait
qu'ils en font ; on doit les croire sur parole.

« Des abus très-grands et sans nombre se
« soit successivement introduits dans les facul-
« tés de médecine : ils ont rapport à l'enseigne-
« ment, aux réceptions, à l'administration et
« à la police médicale. Les élèves sont sans
« guide dans le cours de leurs études ; ils sui-
« vent indistinctement à-la-fois toutes les le-
« çons ; ils apprennent un peu de tout, et n'ont
« de connaissances approfondies sur aucune
« partie de la science et de l'art....... Les pro-
« fesseurs, seulement en exercice pendant cinq
« mois de l'année, ne donnent par semaine que
« trois leçons d'une heure chaque. On a peine
« à croire comment la loi a exposé les jeunes
« gens à n'acquérir que des connaissances su-
« perficielles et très-insuffisantes. Les corps
« enseignans confèrent le doctorat à de trop
« jeunes gens : on a toujours regretté le non

« rétablissement des colléges de chirurgiens et
« de médecins....... La législation n'a pris au-
« cune mesure pour que les petites villes , les
« bourgs , et sur-tout les campagnes , fussent à
« portée de recevoir les conseils des personnes
« éclairées , que l'appât de la fortune fait re-
« fluer au milieu des grandes populations (1).
« Il y a trop peu de distinction dans les preu-
« ves à faire pour le médecin et le chirurgien : si
« les connaissances théoriques sont les mêmes ,
« leur instruction pratique est différente, et l'on
« peut conférer le doctorat en médecine ou en
« chirurgie sans que celui qui le reçoit sache
« examiner un malade ou tenir un bistouri......
« Beaucoup d'élèves n'étudient que pour ré-
« pondre, *tant bien que mal*, aux interroga-
« tions : en conséquence , ils n'étudient que
« pendant l'année qui précède immédiatement
« les examens. L'anarchie et toutes ses suites
« ont été et sont encore si funestes à l'art de
« guérir, qu'il est impossible d'en compenser
« les maux. (2)
« L'un des abus les plus funestes à la gloire
« de l'art et aux intérêts sociaux , c'est la faci-
« lité avec laquelle les admissions ont lieu dans
« nos écoles. Le titre de docteur est trop fré-
« quemment accordé à des hommes ignorans,
« à des candidats dont l'ineptie ne permet de

(1) M. Léveillé , adresse au Roi, pag. 21.
(2) M. Prunelle , pag. 21.

« rien espérer d'eux pour l'avenir. Un second
« abus préjudiciable à l'instruction des élèves,
« contraire au lustre des facultés, c'est la vi-
« duité si fréquente des chaires délaissées par
« beaucoup de titulaires. Cet abus est poussé si
« loin maintenant, qu'il est temps de ne plus
« le *tolérer*; d'autres professeurs commencent
« chaque année leur tâche, et n'y donnent au-
« cune suite : quelques leçons furtives remplis-
« sent la période scholaire, et jamais le cours
« n'est achevé. (1).

Enfin, M. Leroux, doyen de la faculté de
médecine de Paris, dans un mémoire lu à la
commission nommée par le Roi, dont il était
membre, s'exprime ainsi : « On n'a point réglé
« la manière dont les études doivent être faites
« pour être profitables : on n'a rien établi pour
« s'assurer de l'exactitude des professeurs; il n'y
« a point de mode de prendre les inscriptions,
« point de mode de suivre les cours; rien d'ar-
« rêté pour obtenir des certificats d'assiduité ;
« rien pour soutenir des examens ; rien qui
« contienne les élèves dans leurs devoirs ; rien
« qui les force à s'instruire ; on n'a point réta-
« bli de corporations de médecins et de chi-
« rurgiens ; on a trop isolé les facultés de leurs
« corps respectifs ; on leur a donné trop de la-
« titude, trop de pouvoirs, trop d'indépen-

(1) Fournier, *idem*, page 22.

« dance ; la police médicale est un objet à
« traiter en entier. » (1)

Quelle confiance , quelle considération mérite un établissement dans lequel on ne trouve
que désordre et confusion , qui n'a jamais effleuré le but de son institution , et dont la nul-
lité est telle que les progrès de la science y sont
impossibles ? En effet, on voit une société non
contente de sa prétendue supériorité , de son
esprit dominateur, s'être emparé de toutes les
parties de l'enseignement , et être parvenue à
donner le change à l'opinion publique sur l'utilité de la réunion de la médecine à la chirurgie. Les fondemens sur lesquels elle s'appuie,
pour soutenir toutes les innovations dangereuses
qui existent, prouvent suffisamment que la faculté
actuelle est dirigée par un tout autre motif que
celui de l'intérêt public et du bien de l'humanité.

En signalant des menées aussi odieuses , nous
ne prétendons pas attaquer le corps respectable
des anciens médecins : il ne s'est trouvé que
quelques hommes passionnés qui ont inventé
les moyens les plus répréhensibles , on peut dire
même les plus coupables , pour enlever à la chirurgie ses prérogatives : puisse la fin de ces désor-
dres, que les circonstances seules et la longue
période de nos malheurs ont occasionnés , nous
permettre aujourd'hui de porter notre attention
sur des objets propres par leur nature à en cal-

(1) *Idem*, page 49.

mer le souvenir ! nous voulons dire, espérer la séparation de la chirurgie d'avec la médecine, par la suppression de ces corporations, de ces sociétés composées d'élémens divers, vrais fantômes, soit de la médecine, soit de la chirurgie. Maintenant que l'autorité légitime a repris ses droits usurpés et trop long-temps méconnus, espérons qu'elle rendra la chirurgie à ses véritables possesseurs, et les rappellera à soutenir cette réputation méritée et acquise depuis si long-temps, et la médecine à ces hommes versés dans toutes ses parties, que des études longues et approfondies, qu'une expérience fondée sur le talent et le savoir ont justement rendus célèbres.

En 1790, M. Coste, médecin en chef des Invalides, a écrit : « On ne peut être à-la-fois « médecin et chirurgien : en vain essaierait-on « de confondre la médecine avec la chirurgie ; « avec plus de lumières on se tiendra en garde « contre l'insurrection d'un faux zèle, et le gou- « vernement français ne permettra pas qu'on « cherche à introduire et à naturaliser une ins- « truction que l'impossibilité de son exécution « doit nécessairement bientôt proscrire. (1)

A la même époque, c'était aussi l'opinion commune que la réunion de la chirurgie à la médecine était une chose ridicule; aujourd'hui, que cette réunion a eu lieu, les professeurs qui

____

(1) Adresse au Roi, page 48.

composent la faculté actuelle conviennent que
les lois et réglemens qui les concernent sont radicalement vicieux sous le rapport de l'enseignement , des examens et des réceptions ; qu'il est
indispensable de rétablir les corporations des médecins et des chirurgiens ; que depuis long-temps
on reconnaît une médecine et une chirurgie, des
médecins et des chirurgiens ; que chacun d'eux a
des devoirs qui lui sont propres à remplir ; que le
même savant doit rarement espérer de mériter et
d'atteindre une haute réputation dans ces deux
parties principales de l'art de guérir lorsqu'il les
pratique à-la-fois. Après de tels aveux , quelle
peut donc être la cause d'une opposition aussi
grande de leur part à ce rétablissement ? Pourquoi ne veut-on plus qu'un monde médecin ?
c'est que l'on n'a pas craint d'avancer que, sous
le titre de médecin , on pouvait traiter avec distinction les maladies du ressort de la médecine
et de celui de la chirurgie ; c'est sous ce faux
prétexte que , voulant multiplier les connaissances , on a rendu l'instruction impossible ; par
suite de la confusion que l'on y a établie et en-
tretenue , rien n'empêche celui qui exerce d'être
tantôt médecin , tantôt chirurgien , selon qu'il
faudra tâter le pouls ou faire une opération ,
car la confusion de l'enseignement tend évi-
demment à la confusion de l'exercice : on a
tout étudié , donc on peut tout oser, tout entre-
prendre. Nous ajouterons que l'enseignement

actuel est bien loin du dégré de perfectionnement que l'on doit désirer, parce que la perfection d'un art ne confond pas tout sous le prétexte d'améliorer, et que ce n'est pas perfec-
tionner que de multiplier les études. Il y a
donc de l'inconséquence de placer la perfection
de l'enseignement dans la formation des médecins et des chirurgiens, puisque le génie ne
peut avoir qu'un talent marqué. Mais, dira-t-
on, la médecine et la chirurgie ne sont que
deux branches du même tronc (l'art de guérir).
Cette pensée est juste lorsqu'on n'en tire pas la
conséquence que, dans l'enseignement, on ne
peut séparer ni isoler l'une de l'autre sans leur
porter un coup funeste. En effet, quel est le
but et l'objet de la première? De bien connaître
l'état sain afin de mieux pénétrer dans la con-
naissance de l'homme malade; de suivre par
l'opération d'une intelligence exercée les dé-
rangemens des fonctions intérieures; d'en connaître les causes pour en tirer des indications
curatives, et choisir les moyens de guérir les
maladies qui peuvent l'être, adoucir et arrêter
les progrès de celles dont l'art ne peut triom-
pher. Le médecin ne voit la maladie que par
la pensée, que par la justesse de son raisonnement; il faut donc qu'il se fasse une habitude
de la méditation, qu'il soit doué d'un esprit
réfléchi et d'une raison suffisamment mûrie.

La chirurgie est plus simple dans son but et

dans son objet; son domaine est moins vaste ; son raisonnement a toujours l'avantage de pouvoir être rectifié par les sens lorsque ceux-ci n'en embrassent pas toute l'étendue : la sonde, le bistouri à la main, le chirurgien voit en touchant et régénère en divisant. Toujours en action, là il étonne, ici il surprend par son adresse. Par-tout cette habileté manuelle, dirigée par son intelligence, surprend par l'audace du succès.

A ce double tableau, qui dira que la médecine est UNE avec la chirurgie? où est l'accord de leurs principes qui, analogues dans leurs bases, ont des applications opposées? où est la nécessité de les tenir unies quand ce lien ne soumet que des assemblages incohérens? En un mot, puisque la distinction entre ces deux sciences est réelle, que nos antagonistes l'ont écrit, publié si hautement, quel inconvénient y a-t-il à les isoler? que le sanctuaire de la médecine ne puisse donc à l'avenir être ouvert qu'à ceux qui auront étudié cet art salutaire, comme celui de la chirurgie ne sera accessible qu'aux candidats dont les études auront réellement eu l'art chirurgical pour objet. Afin d'obtenir plus promptement ce double avantage, que les jeunes médecins dont les connaissances sont assez avancées pour qu'ils puissent suivre la carrière dans laquelle ils sont entrés, renoncent entièrement à la chirurgie ; qu'ils poursui-

vent honorablement leurs études ; ils parvien-
dront, comme ont fait leurs prédécesseurs, au
degré d'illustration qui a distingué tant de médecins célèbres. Ceux au contraire qui se croi-
ront appelés à faire revivre la gloire de nos
grands maîtres, c'est-à-dire à faire la chirurgie,
qu'ils l'étudient plus particulièrement ; qu'ils
s'exercent aux opérations sur le cadavre ; qu'ils
suivent les grands praticiens dans les hôpitaux ;
qu'à l'étude de la chimie, de la botanique, ils
substituent celle de l'anatomie, de la physique,
et ils deviendront de bons chirurgiens non
moins dignes d'estime et de considération que
leurs confrères qui auront embrassé l'autre partie de l'art de guérir. Alors nous verrons cesser cette confusion dangereuse dans la pratique. Les pansemens des ulcères et autres ne
seront plus confiés à des personnes sans expérience. Un de nos grands maîtres, M. Sabatier, ne dédaigna pas ces détails minutieux en
apparence, ni ces petits exercices de la chirurgie
ministrante, qu'un vain amour-propre a fait
négliger depuis plus de vingt ans. Il savait que
rien n'est indifférent ; que tout doit être prévu,
combiné dans l'exercice de cette partie dite
petite chirurgie : la révolution seule a fait méconnaître cette vérité. Il ne suffit pas d'appliquer
un appareil, il est encore un *modus faciendi*,
une certaine aisance, une certaine adresse, qui
épargnent des douleurs aux malades. Telle

plaie récente qui sera pansée méthodiquement
guérira promptement et sans suppuration abon-
dante, qui, abandonnée à tout autre qu'à un
chirurgien, peut dégénérer en ulcère, ou au
moins procurer une cicatrice difforme et tardive.
La saignée, l'ouverture d'un abcès, comme
l'opération la plus compliquée, exigent une
dextérité et des connaissances qui ne s'acquièrent
que par la pratique. Une plaie guérira avec le
temps ; une femme qui ne sera point aidée dans
les douleurs de l'accouchement pourra se dé-
barrasser et de son enfant et de l'arrière-faix
par les seuls efforts de la nature ; s'ensuit-il de
là que les pansemens méthodiques, les secours
administrés par un accoucheur instruit soient
inutiles ? Dans cette partie de l'art de guérir
comme dans la plus indifférente en apparence,
mais qui intéresse toujours la santé ou la vie
des hommes, les choses les plus simples, si
l'on peut dire qu'il y en ait de cette nature en
chirurgie, deviennent intéressantes pour le véritable chirurgien. Comment une partie si essen-
tielle peut-elle être confiée à des mains lourdes,
maladroites, nullement guidées par les plus
simples connaissances ; en un mot, à des premiers venus. Qu'il me soit permis de signaler
un désordre non moins dangereux ; c'est que
les médecins, ou au moins ceux qui en ont le
diplôme, exercent aujourd'hui collectivement
et la médecine et la chirurgie ; je ne dirai pas

les grandes opérations , mais celle qui était l'attribut proprement dit , le domaine exclusif des chirurgiens , sans apporter dans cet exercice le talent et les connaissances nécessaires. En effet, craint-on pour les suites d'un coup , d'une chûte , d'une plaie , ou survient-il des accidens , on appelle un médecin : s'il est du nombre de ceux qui font la chirurgie, il appliquera un premier appareil avec plus ou moins de précision ; si le cas requiert une saignée , il ordonnera des sang-sues sur la partie affectée ; la même personne qui les aura posées sera chargée de renouveler les topiques , de changer l'appareil : comme médecin , il ne s'occupera de nouveau de ces détails que dans le cas d'accidens consécutifs , suite ordinaire de pansemens mal faits , de soins mal administrés. Si le médecin appelé se renferme dans le seul exercice de son art , il commencera la cure par prescrire la saignée locale , l'application de topiques, et l'usage de remèdes internes : s'il survient des accidens , ce qui est presque inévitable , et que l'on attribue souvent mal-à-propos à la nature de la maladie , alors il fait appeler un de nos grands chirurgiens pour sauver, s'il en est encore temps, et par des opérations plus ou moins multipliées , un membre ou un organe menacés du plus grand danger.

Triste et pénible vérité à exposer au public ;

mais que commande l'obligation de le détrom-
per : en lui ouvrant les yeux sur la pratique
actuelle de la chirurgie, on lui apprend à se
défier du prétendu savoir de ceux qui exercent
cette partie de l'art de guérir, et auxquels il con-
fie la conservation de sa vie. Si l'on n'a pu prévenir ces abus, ne pas y remédier serait dangereux et pour la société et pour l'état.

Ce n'est donc plus un problème à résoudre :
nous pouvons poser pour principe incontestable
que la médecine et la chirurgie, quoique faisant
partie de la même science, en sont deux distinctes et séparées quant au but et à l'exercice.
L'expérience que l'on a cité comme ayant
prouvé le contraire a démontré l'imperfection
de cette réunion ; nous dirons plus, son danger. « Soyons ou médecins ou chirurgiens, a
« dit M. le baron Percy, mais n'ayons pas la
« prétention d'être à-la-fois l'un et l'autre ; ce se-
« rait nous condamner à une double médio-
« crité ; et quelle que soit l'une des deux sœurs
« à laquelle nous nous soyons unis, restons-
« lui fidèles ; ne rougissons pas de son nom ;
« ne la diffamons pas par un honteux divorce ;
« mais plutôt glorifions-nous d'être entrés dans
« une famille qui ne distingue plus entre ses
« enfans, et qui a un patrimoine égal d'hon-
« neurs, d'égards et d'utilité à leur léguer :
« oui, la science de guérir a pour toujours
« abjuré l'orgueilleuse et méprisable dispute

« des préséances ; la première place y appar-
« tient au plus habile ; on n'y connaît de su-
« balterne que la sottise et l'ignorance (1). »

La séparation que nous demandons ne pa-
raîtra point de ces innovations inouies, exagé-
rées, lorsque l'on considérera qu'au commencement de la révolution l'université de Montpellier, érigée en 1120, avait plus de huit siècles d'existence ; la faculté de médecine de Paris, déjà fameuse en 1281, s'enorgueillissait de
cette longue création. Ne voyait-on pas fleurir
également des établissemens où, par un bienfait de l'émulation, l'art chirurgical marchait
l'égal, quelquefois même le supérieur de la médecine? C'est à ces honorables corporations qu'on
a dû les progrès successifs de l'art de guérir ;
c'est dans leur sein que se sont formés une foule
d'hommes savans. Peut-on opposer à ces institutions, qui semblent tenir de l'origine de la
monarchie, des établissemens nouveaux ? et
après vingt années d'existence, supposons même
d'illustration, peuvent-ils faire perdre le souvenir des institutions anciennes qui, au moment de leur anéantissement, ont emporté les
regrets, les hommages et les vœux des savans
contemporains et de la France entière ?

Nous pourrions rappeler que la pharmacie
a été pendant un temps partie intégrante de
l'enseignement de l'école de médecine ; qu'une

____

(1) Éloge de Sabatier.

loi postérieure l'en a séparée et organisé l'école
de pharmacie. Cependant la faculté n'a point
revendiqué ses prétendus droits usurpés; pourquoi donc, lorsque la chirurgie veut reconqué-
rir les siens, rentrer dans son domaine, l'école
de médecine veut-elle s'y opposer, et ne garde-
t-elle pas le même silence? C'est que les médecins ont reconnu que la chirurgie leur ayant
rendu plus de services qu'elle n'en avait reçu
d'eux, ont voulu continuer cette association
d'une science certaine et incontestable avec
celle vraiment hypothétique.

Je ne m'étendrai pas davantage sur ce sujet :
des hommes plus instruits que moi, des plumes
plus exercées que la mienne, l'ont traité à fond ;
je dirai seulement avec l'homme de bien,
l'homme impartial, que l'usage, l'habitude, le
besoin, ayant fait distinguer le médecin du
chirurgien, il doit y avoir l'un et l'autre : le
public même les réclame. Ces principes sont les
seuls qui puissent être avantageux à la société,
et doivent l'emporter sur des intérêts bien
moins importans.

Le gouvernement est assez juste, assez éclairé
pour réprimer certaines passions dangereuses
lorsqu'il s'agit de la vie d'une multitude innom-
brable d'hommes. Si jusqu'à présent il n'a point
remédié aux maux incalculables que les lois
révolutionnaires ont introduits dans l'art de guérir, il entendra le cri public qui s'est élevé
contre l'exercice actuel de la chirurgie, les re-

grets de la France entière qui déplore la perte d'une science qui a si avantageusement servi l'humanité.

Nous ne suivrons pas plus loin les preuves de son utilité indispensable : son orgueilleuse antagoniste s'efforce seule d'élever des doutes, et de les propager sur cette vérité universellement reconnue; nous ne chercherons pas à en faire l'éloge; nous renvoyons nos lecteurs à celui qu'en a tracé la plume éloquente de M. le baron Percy (1). Dégagé de tout préjugé, disons avec Antoine Petit : *La chirurgie, que l'on regarde comme une branche de l'art de guérir, en est bien le trône : elle surpasse la capacité humaine.*

L'expérience de nos prédécesseurs, nos anciens maîtres, a prouvé, et nous en avons été convaincus, combien il était important que les chirurgiens fussent initiés dans les lettres. Nous citerons donc avec orgueil la déclaration de 1743, par laquelle le Roi ordonna que tous ceux qui se destineront à l'art de la chirurgie, et qui aspireront à être membre du collége, auront au préalable obtenu le grade de maître-ès-arts dans une des universités du royaume (2).

(1) Éloge de Sabatier.

(2) M. le chancelier se livra avec zèle à la rédaction d'une loi que Sa Majesté trouva digne de son amour paternel pour ses sujets. L'illustre M. Daguesseau se serait reproché d'avoir laissé languir plus long-temps la chirurgie sous le poids d'une servitude qui n'était pas faite pour elle : c'est pourquoi ce grand homme, dont le nom est immortel

Cette déclaration foudroyante pour nos adversaires fut comme un flambeau qui alluma un
grand incendie, une espèce de guerre civile
entre deux professions rivales dont l'accord serait si utile et pour le bien, et pour la conservation de la société. Néanmoins, et malgré
toutes les oppositions, plusieurs de nos examens
et tous nos actes publics ont, depuis, été sou-
tenus en latin. Nous pouvons affirmer que le
plus grand nombre des chirurgiens s'est distingué et par leur érudition, et par leur latinité.
Cette heureuse révolution, opérée dans nos
écoles, nous a fait reconnaître et apprécier les
avantages que la chirurgie retirait étant cultivée
par des hommes qui ont acquis l'habitude de
penser, de raisonner et de réfléchir.

Pourquoi retracerions-nous ici l'état d'avi-
lissement où a été plongée la chirurgie depuis
1660 jusqu'au règne de Lous XV, et les effets
pernicieux qui en furent la suite? la bouche
aux cent voix ne l'a-t-elle pas suffisamment publié? Nous ferons seulement observer que
pendant ces temps désastreux, les lumières des
médecins n'ont point éclairé les chirurgiens, et
que les uns et les autres n'ont point contribué
par le concours de leurs travaux à l'accroissement de la science de l'art de guérir; mais
nous rappellerons qu'aussitôt que le gouvernement eut accueilli les chirurgiens, et secondé

dans l'histoire de la nation, sera en vénération particulière
dans les fastes de la chirurgie.

leurs efforts, on les a vus s'empresser de rele-
ver la chirurgie de l'état d'anéantissement où
elle se trouvait. Le rétablissement de leur collége, en 1724, procura depuis cette époque des
instructions suivies aux élèves; et celui de l'a-
cadémie, en 1731, excita l'émulation parmi les
maîtres qui, par leurs conférences académiques,
s'instruisaient réciproquement les uns les autres,
communiquaient leurs connaissances à toute
l'Europe, et toute l'Europe concourait avec
eux, à l'accroissement de la science. C'est par
ces moyens combinés que la chirurgie s'est
élevée en France au degré de perfection où elle
était parvenue, qui lui méritait la considération
et l'estime de toutes les nations, et qui faisait
espérer aux chirurgiens d'être délivrés à jamais
de la dépression où ils avaient été réduits. Il
était réservé aux hommes de la fin du dix-
huitième siècle de tout diviser, de tout dé-
truire, en un mot d'anéantir ce que la longueur
des siècles et l'expérience progressive des gou-
vernemens avait établi et consolidé.

Les mêmes sentimens, la même ardeur, le
même amour de l'humanité animent ceux que
la faux du temps à épargnés ! Ainsi que nos an-
cêtres, à une époque non moins désastreuse,
loin de nous décourager, nous attendons avec
confiance et respect la décision du gouvernement. Si elle est conforme à nos vœux, s'il ré-
tablit dans leurs droits primitifs et légitimes le
collége de chirurgie, sa respectable académie,

toujours animés du même zèle, les chirurgiens qui se sont illustrés par leur moralité, par leur attachement invariable au souverain, et qui, pour l'honneur français, peuvent dans toutes circonstances donner l'exemple à une jeunesse avide de trouver des modèles, rendus à leurs institutions, convaincus de leurs devoirs à remplir, travailleront de nouveau à l'agrandissement et à la perfection de leur art. Ils osent demander au monarque, et attendre de sa bienveillance et de sa justice, qu'il daignera leur rendre le monument élevé par Louis XV, d'après les connaissances qu'avait ce prince des services signalés rendus à l'état, et sous ses yeux, dans nos armées, par les chirurgiens de Paris. Une envieuse et despotique rivale a joui assez long-temps de ce précieux gage de la munificence de deux souverains ; que son nom primitif lui soit rendu, en même temps que son instruction, où tout doit respirer l'esprit de la monarchie et l'amour de nos Rois ; et nous dirons au meilleur des monarques : Les chaires de chirurgie, comme du règne de François Ier et de Louis XV, ont été relevées ; l'autorité a enfin banni une réunion d'hommes qui, à une époque désastreuse et sous le prétexte de l'émulation, s'y était établie, et y disputait la place aux maîtres légitimes. A ce silence prolongé succèderont des instructions précieuses ! Ces mêmes chaires, si long-temps muettes, y retentiront de nouveau de la voix imposante de grands

maîtres, dont plusieurs sont encore existans ;
et bientôt leur talent et leurs efforts combinés
seront l'augure des plus brillantes destinées ;
le collége de chirurgie redeviendra une véritable hydre dont il fallait abattre les têtes, et
cette corporation, qui avertissait bien sérieuse-
ment que pour rivaliser avec elle ou prétendre
à la supériorité, on devait valoir beaucoup,
sous le rapport de la science et du désintéres-
ment, dont il ne faut chercher l'exemple que
dans cette compagnie.

Le ministère du chirurgien ne se borne pas
à l'art d'opérer; il s'étend, même par nécessité,
jusqu'à la cure des maladies internes : lui seul
de tout temps a été appelé le premier par les
malades, soit pour les maladies externes, soit
pour les maladies internes ; sur-tout dans la
classe du peuple, des villes et des campagnes.
Cette vérité, la réalité de cet emploi, ont dicté
la sage prévoyance que l'on remarque dans
cet édit vraiment royal, qui exigeait la même
sévérité pour les réceptions des chirurgiens qui
se destinaient au service des campagnes, que
pour la réception de ceux qui voulaient exercer
dans les grandes villes. C'est donc la cause de
l'humanité, celle du peuple des villes, de celui
des campagnes sur-tout, que nous plaidons en
ce moment ; c'est celle des hommes puissans,
des personnes aisées qui, lorsqu'ils se retirent
dans leurs terres, ou habitent passagèrement
leurs campagnes, partagent les cruels incon-

véniens qui résultent de l'absence de chirurgiens : tous se trouvent privés des secours de la
chirurgie, de la présence de ces hommes bien-
faisans qui , bravant les élémens et sans calculer
leurs intérêts (1), portaient la consolation et
arrachaient des portes de la mort l'utile et la-
borieux père de famille. Nous n'obtiendrons le
retour de ce précieux bienfait qu'à l'époque
où le collége de chirurgie sera réintégré tel
qu'il fut fondé par Louis XV ; alors, nous verrons renaître ces consultations, domaine exclusif des chirurgiens (2), où prevots, maîtres et
candidats réunis, s'empressaient, chaque premier lundi du mois, de s'acquitter de ce devoir
sacré avec la plus scrupuleuse exactitude ; cette
quantité de malades qui se rendait à nos écoles
les jours de séances académiques pour être vi-
sités, recevoir des conseils et des secours.

A des considérations d'une si haute impor-
tance, qu'il nous soit permis d'en ajouter de
non moins utiles : Nous voulons dire l'économie, objet constant de la sollicitude de Sa
Majesté.

(1) Il est des villages aux portes de Paris où les malheureux habitans sont privés de secours, souvent urgens par la
nature de leurs travaux, faute de chirurgien, ou de ne
pouvoir payer trois francs par visite ou pansement à des
docteurs en médecine.

(2) Bienfaits de François Ier, accordés par lettres-pa-
tentes dont l'effet devait être CHOSE FERME ET STABLE
A TOUJOURS.

Il est des choses qu'une main profane ne peut toucher sans la crainte religieuse d'être desséchée ; loin que cette crainte nous arrête, nous exposerons qu'à l'époque de 1816, la recette générale des facultés de médecine depuis douze années, y compris les *cent dix mille francs* accordés par le budjet, se monte à *trois millions cent dix mille huit cent soixante-treize francs*, et la dépense à *quatre cent quarante-sept mille six cent dix francs* ; l'université, depuis sa création jusqu'au premier janvier 1816, a perçu *deux cent quarante trois mille trois cent vingt-sept francs* ; et les professeurs se sont partagé *un million trois cent quarante trois mille cent trente-trois francs*, destinés, d'après l'article 45 du réglement du 20 prairial an XI, et l'article 133 du décret du 18 mars 1808, aux dépenses nécessaires ou utiles de l'école ou à l'instruction des élèves.

Nous ne suivrons pas ces détails exposés plus au long dans le rapport de la commission nommée par le Roi(1) ; nous en extrairons seulement encore ce dernier passage. Dans l'ancien collége de chirurgie, le traitement des professeurs n'était pas le même ; les plus anciens avaient *quinze cent francs* ; les autres *six cent francs* ; ceux de l'école pratique ne recevaient que *trois cent francs* (2). Ces places, malgré la médiocrité

(1) Pag. 15, 16 et suiv.

(2) Celui des professeurs de l'école actuelle a été année commune de 8000 francs ; en 1815 il s'est monté à

des honoraires, étaient briguées par les plus célèbres chirurgiens ; les dépenses totales n'al-
laient pas au-delà de vingt-cinq mille francs par
an ; et les dépenses réunies des écoles de médecine et de chirurgie de Paris, pendant douze
années, n'ont pas excédé *six cent mille francs ;*
ce qui produit une différence en moins, de *deux
millions cinq cent dix mille sept cent quarante-
trois francs*, et défalcation faite des *deux cent
quarante-trois mille trois cent vingt-neuf francs*
touchés par l'université, celle encore de *deux
millions deux cent soixante sept mille quatre cent
soixante-quatorze francs.*

Nous avons prouvé que la médecine et la
chirurgie sont et doivent être distinctes dans la
pratique ; qu'elles exigent des études séparées ;
que l'expérience des siècles a consacré la nécessité de cette séparation, et a démontré que
l'existence de deux écoles indépendantes l'une
de l'autre a fait naître une heureuse émulation
entre elles ; que les lois et réglemens des facultés actuelles sont radicalement vicieux ; qu'il
est nécessaire de rétablir la faculté de méde-

11,709 francs : aujourd'hui il est fixé à-peu-près à 10,000 fr.
Une réduction convenable et raisonnée de ce traitement,
et une administration paternelle, promettent d'avance que
le produit des inscriptions et réceptions suffira pour sub-
venir aux dépenses des facultés ; ce qui produira pour le
trésor public une économie de 250,000 francs par an ;
elle pourrait même être portée à 320,000 francs.
(*Rapport de la commission,* pag. 39.)

cine, le collége et l'académie royale de chirurgie : le vœu depuis long-temps exprimé par
les médecins et les chirurgiens qui s'intéressent
à l'honneur et aux progrès de leur art, est qu'il
s'opère un rapprochement sincère. Les médecins touveront toujours les chirurgiens leurs
amis, leurs modèles, leurs émules, lorsqu'ils s'a-
gira de la santé, de la vie de nos semblables.
Circonscrits dans notre sphère, reprenons nos
utiles travaux : qu'à l'exemple de Castellan et de
Paré, premier médecin et premier chirurgien
de Henri IV, de Chirac et de Lapeyronie,
premier médecin et premier chirurgien de
Louis XV, il règne un accord, une intimité
bien désirable entre des hommes qui, dans
l'exercice de l'art de guérir, doivent, chacun
dans la partie à laquelle il s'est dévoué, concou-
rir au même but ; l'existence de ses concitoyens.

Le temps du travail est passé pour nous ! Nos
cheveux blancs nous annoncent que notre carrière est avancée ; le peu de jours qui nous res-
tent ne nous appartiennent plus ; ils doivent
être consacrés au rétablissement de nos écoles,
au choix de dignes successeurs. Les flambeaux
de la chirirgie de la fin du siècle dernier ont été
éteints tous à-la-fois : de froids et pâles innova-
teurs ont adopté de nouveaux systèmes pour
changer la science au préjudice des connaissances reçues et adoptées (1) ; notre commune

(1) Tout homme qui, ayant rejeté les anciennes règles

obligation nous impose la nécessité de remédier à ces affreux désastres de la révolution, en demandant au meilleur des rois que nos portes ne s'ouvrent aujourd'hui qu'à ceux qui seront dignes de soutenir noblement l'éclat de la chirurgie : nous aurons des ennemis ; nous devons même nous enorgueillir d'en mériter ; nous les laisserons se débattre ; notre zèle pour le perfectionnement de notre art sera notre seule réponse, et la plus victorieuse à leurs calomnies, sur-tout lorsque nous pourrons dire en parlant de la faculté actuelle : *Exsurgimus, jam non sunt.*

C'est au moment où notre cause paraissait abandonnée, où nous n'osions plus espérer de faire connaître au Roi la légitimité de nos droits, de porter à ses pieds nos humbles remontrances, que ce protecteur déclaré de toutes les institutions utiles daigna nous témoigner ses intentions paternelles en nous disant : CULTIVEZ VOTRE ART, FAITES DE BONS ÉLÈVES ET COMPTEZ SUR MA PROTECTION. Nous ne pourrons remplir son attente, le vœu de son cœur, dont le but particulier est le bien de ses sujets ; nous ne pourrons atteindre les hautes destinées auxquelles il nous appelle que lorsque la chirurgie sera rendue à la dignité qu'elle tenait de la bienveillance de ses augustes aïeux, et qui était ga-

et pris un chemin tout opposé, se vante d'avoir trouvé cet art, trompe les autres, et il est trompé ; car cela est absolument impossible. (*Hypocr. lib. de priscâ medicinâ.*)

rantie par de nonbreux édits royaux. Nous allons citer de courts extraits de quelques uns.

Henri III confirma aux chirurgiens *leurs droits d'enseigner les préceptes de leur art, et en ce qui dépend de leur science de chirurgie.* Henri IV confirma l'établissement du collége de chirurgie par lettres patentes d'octobre 1594: *Ne désirant rien moins*, y est-il dit, *gratifier et favorablement traiter nos chers et bien aimés les chirurgiens de notre bonne ville de Paris, qu'ont fait nos prédécesseurs rois jusqu'à nous de conser- ver et maintenir.......... Lesdits octrois, priviléges affranchissement et exemptions pour par eux et leursdits successeurs audit art jouir et user* DO- RÉNAVENT PAISIBLEMENT ET PERPÉTUELLEMENT. Le 22 septembre 1749, le roi s'étant fait repré- senter en son conseil le testament de M. de Lapeyronie, premier chirurgien de S. M., du 18 avril 1747, par lequel il a légué au collége des maîtres en chirurgie de Paris, entre autres choses, sa terre et seigneurie de Marigny........ S. M. toujours attentive à soutenir les établis- semens qui peuvent être utiles à ses sujets, s'est déterminée à acquérir ladite terre..... A quoi voulant pourvoir, le Roi étant en son conseil a commis et commet les sieurs d'Ormesson, De- trudaine et Decourtille, conseillers d'état et in- tendans des finances, auxquels S. M. donne pouvoir d'acquérir pour elle et en son nom des maîtres en chirurgie de Paris, la terre et

seigneurie de Marigny, circonstances et dépen-
dances, moyennant le prix de deux cent mille
livres; de placer ladite somme en constitution
ou acquisition de rentes, au profit dudit collége
des maîtres en chirurgie...... En conséquence
de cet arrêt, les commissaires y dénommés
passèrent contrat les 20 et 21 octobre suivant
au nom du Roi avec les susdits maîtres en chirurgie, pour l'acquisition de la terre de Marigny,
S. M. agréa, approuva et ratifia ce contrat
par un second arrêt du 28 octobre 1749, et
par lettres patentes sur icelui du 30 du même
mois. Dans ces lettres S. M. PROMIT EN FOI ET
PAROLE DE ROI POUR ELLE ET SES SUCCESSEURS
ROIS D'AVOIR ET TENIR POUR FERME ET STABLE
TOUT LE CONTENU AUDIT CONTRAT.

Si le Roi n'avait pas prononcé, nous deman-
derions avec la majorité de la commission qu'il
a nommé en 1815, que les écoles actuelles
soient organisées conformément aux statuts et
réglemens qui existaient en 1789 dans le collége de chirurgie; statuts dont les succès les
plus brillans sont attestés par l'expérience des
siècles, en leur faisant toutefois subir les légères modifications dont est susceptible une
institution vicieuse sous quelques points, comme étant l'ouvrage des hommes, peut-être du
siècle qui l'a vu naître; nous ajouterions que,
rassurés par l'équité d'un monarque dont le
cœur abhorre l'injustice, nous osons lui re-

présenter humblement que l'ancien collége de chirurgie et son académie royale existent de droit dans ses membres restans; nous le supplirions d'honorer de sa confiance ces fidèles sujets : ils réclament avec un noble orgueil la justice qu'ils ne peuvent tenir que de Votre Majesté d'être appelés les premiers à former l'académie, (section de chirurgie) que vous avez créée par votre ordonnance du 20 décembre dernier, et à faire choix de leurs successeurs parmi les chirurgiens de nouvelle création dont le mérite, le talent et les mœurs, pourront les garantir qu'ils soutiendront et perpétueront la gloire de cette ancienne et illustre corporation.

Si nos vœux ne peuvent parvenir jusqu'au trône, ou si Votre Majesté ne daigne pas les accueillir, nous en ferons de non moins sincères. C'est qu'à l'exenple de Louis XV, lors de la première institution de l'académie royale de chirurgie, il plaise à Votre Majesté déclarer qu'elle juge à propos de suspendre l'attribution de ce titre, jusqu'à ce que l'expérience eût fait connaître les avantages que le public en retirera........ Qu'elle souhaite être informée des progès de cet établissement, afin d'être en état de juger s'il est assez utile pour mériter d'être autorisé par lettres patentes (1).

(1) Lettre de M. de Maurepas au nom du Roi, mardi 19 Novembre 1730.

SIRE ,

L'art de guérir est auguste dans son essence comme dans son objet : il veille sur la vie des Rois comme sur l'intérêt et la conservation des peuples, motifs bien puissans pour que nous osions invoquer votre justice, votre bienfaisance. Daignez, Sire, approfondir de nouveau une cause qui mérite votre regard paternel : que la statue de l'erreur soit brisée à vos pieds : que votre volonté éclairée, annéantissant à jamais les abus existans et reconnus préjudiciables à vos sujets, rende à la médecine et à la chirurgie leur ancienne splendeur, par le rétablissement de ces deux sociétés à jamais illustres, LA FACULTÉ DE MÉDECINE ET LE COLLÉGE DE CHIRURGIE ; que ce dernier, comme par le passé, soit le seul enseignant la partie de son art. Lorsque la majesté de votre trône fait briller les sciences et les arts de tout leur éclat, il importe que la chirurgie reprenne le rang qu'elle n'eût jamais dû perdre ; les progrès qu'elle fera sous vos auspices, et qui ont pour objet la conservation, la vie des hommes, deviendront un nouveau témoignage de votre amour pour les Français ; et, après nous, la postérité proclamera Votre Majesté le protecteur des sciences et le bienfaiteur de l'humanité.

F I N.